Hay algunos qu
está destinada,
incluye el estar d
cuentas. El libro del rabino Greg Hershberg, *No mueras en tus pecados,* trata los temas de la muerte y lo que hay después de esta. Necesitamos un Salvador que esté esperándonos del otro lado de la tumba, que pueda guiarnos a casa a salvo. El nombre de ese Salvador es Jesús (Yeshua en hebreo). Él es la respuesta para la vida de hoy y la vida en la eternidad. Pero ¿cómo llegamos a conocer a este Salvador, asegurándonos un resultado positivo? La respuesta está en estas páginas.

Dr. H. Dean Haun
Pastor Principal, Primera Iglesia Bautista, Morristown, Tennessee
Presidente y fundador de Harvest of Israel
Ex Presidente de la Convención Bautista de Tennessee

El rabino Greg Hershberg ha escrito un libro práctico y fácil de leer que te ayudará a entender mejor el evangelio y fortalecerá tu fe.

Rabino Jonathan Bernis
Presidente y CEO de Jewish Voice Ministries

NO MUERAS EN TUS PECADOS

NO MUERAS EN TUS PECADOS

Una explicación sencilla de la mejor
noticia que conozca la humanidad

GREG HERSHBERG

www.getzel.org
No mueras en tus pecados
©2023 de Greg Hershberg
Todos los derechos reservados. Publicado en 2023.
Por favor no reproducir ni almacenar en sistemas de consulta, ni transmitir en forma alguna ni por ningún medio – sea electrónico, mecánico, por fotocopias, grabación u otro – sin permiso escrito de la editorial.
A menos que se indique lo contrario las citas bíblicas se han tomado de la Nueva Biblia Latinoamericana.
Diseño de portada: J. Martin
Traducción: K. F. Handley
Editor: G. Sandoval

Aneko Press
www.anekopress.com
Aneko Press, Life Sentence Publishing, y nuestros logotipos son marcas registradas de
Life Sentence Publishing, Inc.
203 E. Birch Street
P. O. Box 652
Abbotsford, WI 54405
RELIGIÓN / Teología Cristiana / Soteriología
Paperback ISBN: 979-8-88936-252-4
eBook ISBN: 979-8-88936-253-1
10   9   8   7   6   5   4
Disponible donde se venden libros

CONTENIDO

Mi primera aproximación a la muerte 1

La muerte es inevitable 5

¿Hay vida después de la muerte? 11

La muerte 21

¿Puedo confiar en la Biblia? 23

¿Qué significa morir en tus pecados? 45

El ladrón en la cruz 59

No tienes que morir en tus pecados 63

Acerca del autor 69

MI PRIMERA APROXIMACIÓN A LA MUERTE

Lo recuerdo como si fuera ayer. Tenía ocho años y estaba sentado en la bañera. Oía desde allí el llanto de mi mamá al comunicarle a papá que había muerto mi abuela. Me causó mucha tristeza, no solo el llanto de mi madre sino también saber que no volvería a ver a mi abuela. Aunque sabía muy poco sobre la muerte sí sabía lo suficiente como para entender que se había ido para siempre. Era la última abuela que me quedaba y me sentí muy triste. No solo eso, sino que además era una persona hermosa con un espíritu amable y que siempre me hacía sentir amado.

Nadie me había hablado jamás sobre la muerte y no se había muerto nadie cercano a mí, así que no sabía mucho de lo que le pasa a una persona después de morir. La muerte es un tema en el que a muchos no nos gusta pensar, ni queremos hablar de eso, pero lamentablemente es una experiencia por la que pasamos todos. De hecho, casi todos perdemos muchos amigos, familiares y otros seres queridos a lo largo de nuestras vidas. Es una triste realidad que no nos gusta enfrentar. Incluso cuando alguien muere solemos usar palabras que suavizan el golpe. Decimos cosas como: "Ya no está", "Está en un lugar mejor", o "Se fue a casa". El hecho, en realidad, es que la persona ha muerto.

Hay muchas razones por las que a tanta gente le da miedo morir. Una de ellas es el miedo a lo desconocido. La muerte sigue siendo lo más desconocido para todos porque no hay nadie en la historia de la humanidad que haya sobrevivido a la muerte como para contarnos qué es lo que pasa en realidad después de que exhalamos nuestro último aliento. Hay algunos por ahí que afirman haber muerto y que estuvieron en el Cielo, o en el infierno, pero como no hay prueba científica que respalde su relato tampoco hay aceptación general de lo que cuentan. Forma parte de la naturaleza humana el deseo de entender y encontrarle sentido al mundo que nos rodea.

Otra de las razones por las que se teme a la muerte es por miedo a no existir. Muchos tienen temor a la idea de que dejarán de existir por completo. En general relacionamos ese miedo con los ateos, o con otros que no tienen creencias personales espirituales o religiosas. Sin embargo, muchas personas de fe también se preocupan, porque a fin de cuentas tal vez pudiera no ser verdad su creencia en la vida después de la muerte, o piensan que no se han ganado la vida eterna mientras estaban vivos. Sí, hay personas de fe que tienen dificultades con la idea de la muerte y la vida después de la muerte.

Además, está el miedo al castigo eterno. Esta creencia, similar al miedo a la inexistencia, no se aplica solo a las personas religiosas devotas o creyentes espirituales sinceros. Muchas personas, más allá de su persuasión religiosa o incluso si no tienen fe espiritual, temen que serán castigados por lo que hicieron o dejaron de hacer mientras estaban aquí en la tierra. Tienen ese sentido innato de que tendrán que pagar por lo que hicieron mal.

Está también el miedo a perder el control. La naturaleza humana en general busca controlar las situaciones con las que nos vamos encontrando, pero la muerte sigue siendo algo sobre lo cual básicamente no tenemos control alguno, y eso asusta a muchas personas; hay algunas que hasta intentan ejercer alguna forma de control sobre la muerte conduciéndose de manera extremadamente cuidadosa para evitar riesgos, o sometiéndose a controles de salud rigurosos y frecuentes, pero la realidad de la cuestión es que cada uno de nosotros morirá, y eso es un hecho.

Por último, está el miedo a qué será de nuestros seres queridos. Un miedo muy común en torno a la muerte se centra en la preocupación de qué les pasará a aquellos que han sido confiados a nuestro cuidado si morimos. Los padres, por ejemplo, se preocuparán por su bebé recién nacido o sus otros hijos. Los familiares que cuidan a un ser querido podrán temer que nadie más podría ocuparse de las muchas necesidades y requerimientos de su paciente. Alguien que está en la flor de la vida quizá tema a la idea de morir porque su cónyuge quedaría a solas en este mundo.

El miedo saludable a la muerte puede recordarnos que mejor será aprovechar al máximo nuestro tiempo aquí en la tierra, sin dar por sentadas nuestras relaciones. El temor a la realidad de la muerte también podría impulsarnos a trabajar más duro con tal de dejar un legado que perdure. George Bernard Shaw lo resumió bien cuando dijo: "Quiero estar totalmente agotado cuando muera, porque cuanto más trabajo, más vivo".[1] Dicho esto, la muerte es algo así como un enigma que debe ser discutido cueste lo que cueste, ya que todos moriremos.

---

1 George Bernard Shaw, *Hombre y superhombre*. Obra de teatro, disponible en español. Ed. CreateSpace Independent Publishing Platform, 2015, ISBN: 1517297176, 9781517297176. Disponible también en línea https://ia600505.us.archive.org/10/items/hombreysuperhombshaw/hombreysuperhombshaw.pdf. Acceso 26 de septiembre de 2023.

LA MUERTE ES INEVITABLE

Es bueno que hables con tus hijos sobre la muerte; cuando tengan edad suficiente como para que les hables de la sexualidad, también será esa la edad en que podrás hablarles sobre la muerte, y es muy importante que lo hagas.

Siempre fui deportista y entusiasta de la actividad física. Casi no había deporte que no hubiera jugado. Me encantaba la competencia, y eso que se siente cuando uno hace ejercicio, pero no sabía que cuando uno hace actividad física nuestro cerebro libera endorfinas. Las endorfinas son sustancias químicas (hormonas) que libera el cuerpo cuando siente dolor o estrés. Se liberan durante actividades placenteras como el ejercicio, comer, o la actividad sexual. Las endorfinas contribuyen a aliviar el dolor, reducir el estrés y mejorar nuestra sensación de bienestar; básicamente, son analgésicos naturales. Son sustancias químicas de bienestar porque pueden hacer que te sientas bien y con un estado mental positivo. Hoy mismo necesito hacer ejercicio, y no tanto por los beneficios físicos sino más bien por esa recompensa de bienestar.

Mi esposa también era deportista en la escuela, además de luego haber sido instructora de gimnasia aeróbica y entrenadora personal. De hecho, nos conocimos en un gimnasio de Nueva York. Yo estaba en una etapa de mi vida en la que quería permanecer soltero, recién había acabado con una relación seria que no funcionó por una cantidad de razones y necesitaba una pausa. Pero una sola mirada a esta despampanante belleza tras el escritorio de la recepción del gimnasio "Jack LaLanne" me dejó rendido.

Después de casarnos comenzamos a formar una familia, y naturalmente el ejercicio físico formaría parte del estilo de vida de nuestros hijos. A mis hijos varones los llevaba a hacer deportes, y también a levantar pesas, y les gustó. Empezaron a ir al gimnasio con regularidad y pronto pudieron tomar conciencia de su fuerza, así que levantaban pesas grandes y empezaron a desarrollar sus cuerpos al punto de que la última vez que hice lucha libre con ellos me rompí el manguito rotador (y no soy ningún peso pluma). A pesar de que mi hombro nunca volverá a ser el mismo, me sentí bastante orgulloso de sus esfuerzos. Al mismo tiempo sentí que necesitaban saber que un día ya no tendrán su fuerza, y que sus cuerpos yacerán en una sepultura. Aunque suene triste y deprimente, es una conversación que hay que tener.

Mis hijas también son muy atléticas. Entrenaban y se convirtieron en deportistas de competencia. No quiero sonar sexista, pero al mismo tiempo iban tomando conciencia de su aspecto físico, por lo que empezaron a maquillarse. Necesitaban saber que un día ya no tendrían su belleza y que sus cuerpos también yacerían en una tumba. Es importante ayudar a nuestros hijos a ver que hay que cuidar el cuerpo, pero cuidar el alma importa incluso más. Oigo a muchos padres que hablan de que sus hijos son inteligentes y que son grandes deportistas, pero no oigo a tantos padres hablar de lo maravilloso que es el carácter de sus hijos, o de lo compasivos que son, o de cómo imitan a Cristo en su conducta. Como dice la Biblia, aunque el ejercicio físico tiene valor, la vida dedicada a Dios es provechosa para todo porque tiene la promesa tanto para la vida presente como para la vida por venir (1 Timoteo 4:8).

En mi opinión, toda persona debería asistir al menos a un funeral cada año. A todos nos gusta ir a fiestas de boda: la alegría, el júbilo, la celebración, todo es tan divertido. Las bodas tienen que ver con la vida, y la muerte no tiene lugar allí. Por otro lado, asistir a un funeral nos recuerda que la vida es tan solo un vapor (Santiago 4:14) y que un día también nuestras vidas ya no existirán. En un funeral, la muerte te da una cachetada, sencillamente no puedes evitarlo. Cuando recibo la noticia de que alguien ha muerto intento recordar que algún día ese alguien seré yo.

Tuve una verdadera muestra de la brevedad de la vida desde muy temprana edad. Mis dos abuelos habían muerto antes de que naciera, así que nunca los conocí. Y mis dos abuelas murieron antes de que yo cumpliera diez años.

La muerte me pegó realmente fuerte a los quince años cuando murió mi padre. Mi papá había tenido una vida muy dura; había perdido a su padre cuando era pequeño, y pocos años después, cuando tenía diez, llegó la Gran Depresión de 1929. Nunca llegó a disfrutar lo que llamaríamos una niñez normal. A los veintiún años se unió al ejército para pelear en la Segunda Guerra Mundial. Le dieron la Estrella de Bronce por su valentía, y también un Corazón Púrpura. En un momento de la guerra informaron que estaba desaparecido en acción, por lo que uno puede imaginar el estrés postraumático con el que volvió a casa. En aquella época no había sesiones de consejería para eso, había que volver a casa y conseguir un empleo para poder pagar las cuentas y todo lo demás.

Mi padre trabajaba en el sector de cargas del puerto y nunca logró salir de las casas comunales. Su trabajo era de esfuerzo físico, no mental. Para él lo que importaba era proveer para su familia. Era un hombre fuerte y siempre sentí que no podía pasarme nada si él estaba junto a mí; en otras palabras, me sentía completamente a salvo y seguro si él estaba ahí. Tuvo la oportunidad de retirarse anticipadamente, y la aprovechó. Lo único que quería hacer era ir a ver algunos juegos de béisbol, escuchar algo de música jazz, y leer el periódico desde la primera página hasta la última. Después de retirarse recuerdo que decía: "Greg, yo vencí al sistema". No podía saber que moriría pocas semanas después. Jamás olvidaré la escena de esos dos hombres desconocidos que entraron en nuestro pequeño apartamento y pasaron delante de mí llevando a mi padre en una larga bolsa de color negro.

Repito que yo no sabía mucho acerca de la muerte, con excepción del hecho de que mi papá ya no estaba y no volvería a verlo. El mensaje que ese día quedó grabado en mi cabeza fue que la vida es corta, así que tenía que vivirla, y eso hice. Viví la vida en el carril de alta velocidad, jamás pensaba en el mañana, así que vivía para el día, para el hoy. El mañana no me preocupaba. Mi papá decía siempre: "Vive cada día como si fuera el último, porque un día lo será". Sin embargo, tenía siempre al acecho ese temor a la muerte. Solo sabía que tenemos una vida, ¡y que lo mejor sería aprovecharla!

La gente muere de muchas maneras. Algunos mueren en la guerra, o por actos violentos. Algunos mueren por enfermedad, ataques cardíacos o cáncer. Otros mueren porque son ancianos. El momento de la muerte es diferente también. Hay personas que mueren jóvenes, y otras que viven mucho tiempo. Estas cosas importan, pero no son lo más importante. Llegué a darme cuenta de que lo más importante en que se puede pensar es en qué nos pasa después de la muerte.

Para la mayoría, la muerte es el gran misterio o la gran negación. O evitan el tema, o tan solo dicen: "Nunca se sabe, así que vive la vida". Los que no creen en Dios podrán adoptar la postura de que esta vida es la única que tenemos y la única que vale, por lo que creen que hay que aprovecharla al máximo. La mayoría de las personas dormimos durante un tercio de nuestras vidas y trabajamos durante otro tercio. Eso significa que usamos dos tercios de nuestras vidas para dormir y trabajar, y solamente nos queda un tercio para nosotros mismos. Y si analizamos ese tercio, tenemos responsabilidades, enfermedades, y tareas que se van comiendo el tiempo. Según World Population Review,[2] en 2023 hubo 332.648 muertes por día en el mundo. Son 13.860 por hora, o 231 muertes por minuto.

Pero ¿qué pasa, si eso no es todo lo que hay? ¿Qué pasa, si hay un Dios y qué pasa si la Biblia realmente es verdad? Eso significaría que, de hecho, sí hay vida después de la muerte.

---

[2] 2023 World Population Review, https://worldpopulationreview.com

¿HAY VIDA DESPUÉS DE LA MUERTE?

Hoy más que nunca la gente hace planes para el futuro. Planes con sus pensiones de adulto mayor como los 401K, IRA, seguridad social, seguros de vida, y la lista sigue. Pero ¿dónde termina nuestro futuro? El cincuenta y dos por ciento de los estadounidenses cree en el Cielo y el infierno, mientras que solamente el treinta y siete por ciento de los estadounidenses cree en la resurrección corporal de los muertos. El libro de Job formula una simple pregunta sobre la vida después de la muerte: Si el hombre muere, ¿volverá a vivir? (Job 14:14). Es fácil preguntarlo, pero no es tan sencillo encontrar a alguien que responda esa pregunta con autoridad y experiencia.

Jesús es la única persona que puede hablar con verdadera autoridad y experiencia respecto de la vida después de la muerte. Lo que le da esa exclusiva autoridad para hablar sobre los cielos es que Él vino de allí. Jesús no era meramente un maestro humano enviado por Dios;

Jesús vivió con Dios desde toda la eternidad, y bajó al mundo. Ningún ser humano tuvo acceso continuo a la presencia de Dios como lo tuvo Él. Pudo ascender al lugar donde habita Dios de manera única porque antes Él había descendido de los cielos a la tierra.

Jesús, con su experiencia de primera mano en cuanto a los cielos, nos presenta tres verdades básicas sobre el tema de la vida después de la muerte:

1. Hay vida después de la muerte.

2. Hay dos destinos, y todos debemos elegir uno de ellos.

3. Hay una forma de asegurar que elijas el destino correcto.

En el capítulo doce de Marcos, cuando Jesús tuvo un encuentro con los saduceos, afirmó que hay vida después de la muerte. Los saduceos eran los librepensadores o racionalistas de su época, como lo son hoy los liberales. Eran muy ricos y ocupaban posiciones de poder que incluían la del sacerdote. Construyeron un sistema de dudas y negación a través de la tolerancia (donde todo se acepta) y el relativismo (donde la verdad es lo que tú quieres que sea verdad). Así que acudieron a Jesús con una historia desopilante, intentando ridiculizar la idea de la resurrección corporal. Le recordaron a Jesús que la Ley de Dios tenía una provisión especial para las viudas de Israel; con el fin de preservar la línea de la familia, la Ley estipulaba que, si un hombre muere sin haber tenido hijos, su hermano debía casarse con la viuda. Si los hermanos viven juntos y uno de ellos muere sin haber tenido hijos, su viuda no puede casarse con alguien que no sea su pariente; el hermano de su esposo tiene que ir y cumplir con el deber de cuñado, casándose con ella (Deuteronomio 25:5).

Le dijeron a Jesús: "Supongamos que una mujer se ha casado con un hombre, y el hombre muere. Ese hombre tenía seis hermanos y la mujer se casó con el que le seguía a su esposo, y ese también murió. Los seis hermanos de su primer esposo murieron después de casarse con ella. Finalmente, la mujer murió". Y ahora, la tan inteligente pregunta: "En la resurrección ¿de quién es esposa esta mujer?". Pensaban que eran muy inteligentes, pero el Salvador les dijo que eran terriblemente ignorantes de las Escrituras que enseñan la resurrección, y del poder de Dios que resucita a los muertos.

Imaginemos la escena. Son la élite social, el poder de la inteligencia, los que deciden desde su alta posición porque tienen poder. Eran los aristócratas con conexiones políticas con Roma y con el templo de Jerusalén. No se identificaban con la gente común, y la gente común no se identificaba con ellos. Jesús, perteneciente a la gente común y proveniente de la pobre y poco importante Nazaret, viene y tiene la audacia de decirles que están perdidos.

Ante todo, deberían haber sabido que la relación de matrimonio no continúa en los cielos (Mateo 22:30). A los saduceos, que valoraban la ley de Moisés por encima del resto del Antiguo Testamento, Jesús los llevó de regreso al relato de Moisés y la zarza ardiente (Éxodo 3:6) donde Dios se refiere a Sí mismo como el Dios de Abraham, Isaac y Jacob. Jesús utilizó esto para mostrar que Dios era el Dios de los vivos, y no el Dios de los muertos. Pero ¿cómo? ¿No estaban muertos hacía rato ya tanto Abraham, como Isaac y Jacob para el momento en que Dios se le apareció a Moisés?

Sí, sus cuerpos estaban sepultados en la cueva de Macpela en Hebrón. Entonces ¿cómo es que Dios es el Dios de los vivos? El argumento que aflora es que Dios les había hecho promesas a los patriarcas (Abraham, Isaac, Jacob) en referencia al Mesías. Esas promesas no se cumplieron mientras estaban vivos. Cuando Dios le habló a Moisés en la zarza ardiente, los cuerpos de los patriarcas estaban en la sepultura y de todos modos Dios habló de Sí mismo como el Dios de los vivos. Como Dios no puede mentir, tiene que cumplir las promesas que Él les hizo a Abraham, Isaac y Jacob. Por eso la resurrección es una necesidad absoluta, a partir de lo que conocemos del carácter de Dios.

En el capítulo catorce del libro de Juan, Jesús consoló a sus discípulos al decirles (y decirnos) en cuanto a la vida después de la muerte: No se turbe su corazón; crean en Dios, crean también en mí. En la casa de mi Padre hay muchas moradas; si no fuera así, se lo hubiera dicho; porque voy a preparar un lugar para ustedes. Y si me voy y les preparo un lugar, vendré otra vez y los tomaré adonde yo voy; para que donde yo esté, allí estén ustedes también (Juan 14:1-3). Jesús les dijo que Él se iría y que ya no le verían. Les dijo: "Ustedes creen en Dios, aunque no puedan verle, así que crean en mí de la misma manera". La casa del Padre hace referencia a los cielos, donde hay muchas moradas. Allí hay lugar para todos los redimidos. Si no fuese así el Señor se los habría dicho. No les habría dado falsas esperanzas.

Jesús dijo: "Voy a preparar un lugar para ustedes". El Señor volvió a los cielos a preparar un lugar. No sabemos mucho sobre este lugar, aunque sí sabemos que se está proveyendo para cada uno de los hijos de Dios. Lo que importa es que se lo describe como un lugar maravilloso donde no hay dolor, ni pena, ni sufrimiento, ni muerte (Apocalipsis 21:4). En cuanto a este lugar, al fin podemos decir "Es todo lo bueno", y que sea cierto. Como voy a preparar un lugar para ustedes, regresaré para llevármelos conmigo y así, donde yo esté podrán estar también ustedes. Esto hace referencia al momento en que el Señor regrese; quienes han muerto en la fe resucitarán cuando sean transformados los vivos y cuando todos los que creen en Jesús sean llevados a los cielos. Es una venida personal, literal, del Mesías. Así como Él se fue, Él volverá.

No se puede hablar de la vida, la muerte, y la vida después de la muerte sin mencionar la parábola del rico y Lázaro (Lucas 16:19-31). Es la historia más importante cuando se habla de la vida después de la muerte. Allí encontramos algunos de los más grandes contrastes que la Biblia tiene para ofrecer, o quizá el más grande de todos. Tenemos dos vidas, dos muertes, y dos vidas después de la muerte. Veamos:

Jesús dijo: Había cierto hombre rico que se vestía de púrpura y lino fino, celebrando cada día fiestas con esplendidez. Y un pobre llamado Lázaro que se tiraba en el suelo a su puerta cubierto de llagas, ansiaba saciarse de las migajas que caían de la mesa del rico; además, hasta los perros venían y le lamían las llagas.

Sucedió que murió el pobre y fue llevado por los ángeles al seno de Abraham; y murió también el rico y fue sepultado. En el Hades el rico alzó sus ojos, estando en tormentos, y vio a Abraham a lo lejos, y a Lázaro en su seno. Y gritando, dijo: "Padre Abraham, ten misericordia de mí, y envía a Lázaro para que moje la punta de su dedo en agua y refresque mi lengua, pues estoy en agonía en esta llama".

Pero Abraham le dijo: "Hijo, recuerda que durante tu vida recibiste tus bienes, y Lázaro, igualmente, males; pero ahora él es consolado aquí, y tú estás en agonía. Además de todo esto, hay un gran abismo puesto entre nosotros y ustedes, de modo que los que quieran pasar de aquí a ustedes no pueden, y tampoco nadie puede cruzar de allá a nosotros".

Entonces él dijo: "Te ruego, pues, padre, que lo envíes a la casa de mi padre, pues tengo cinco hermanos, de modo que él los prevenga, para que ellos no vengan también a este lugar de tormento".

Pero Abraham dijo: "Ellos tienen a Moisés y a los profetas; que los oigan a ellos".

Y el rico contestó: "No, padre Abraham, sino que, si alguien va a ellos de entre los muertos, se arrepentirán".

Pero Abraham le contestó: "Si no escuchan a Moisés y a los profetas, tampoco se persuadirán si alguien se levanta de entre los muertos" (Lucas 16:19-31).

Tenemos primero al hombre rico. Viste las ropas más finas, de púrpura con tintura de Tiro y costosas camisas de lino hechas de algodón egipcio. Su hogar es una mansión con lujosos jardines prolijamente mantenidos. Dentro de la palaciega mansión hay mobiliario fino junto a valiosas obras de arte. Los pisos de mármol italiano son magníficos y reflejan la imagen de sus huéspedes admirados ante el brillo. Su mesa es un muestrario de comidas gourmet, con las mejores carnes, aves y mariscos que el dinero pueda comprar, las mejores frutas y vegetales y los mejores vinos de los viñedos más famosos del mundo. Así vive cada día el hombre rico.

Luego está Lázaro, el mendigo. Echado ante las puertas de la casa del rico como una bolsa de basura, probablemente lo hubieran llevado hasta allí los que querían sacarlo de su barrio. Da pena porque parece una bolsa de huesos, flaco, escuálido hasta los huesos. Su cuerpo está cubierto de llagas, y los perros inmundos vienen a lamerle las heridas.

¿Quién se detendrá para ayudar a este pobre miserable? ¿Quién le dará de comer, lo bañará y vestirá? ¿Quién lo llevará a su casa, dándole un lugar para dormir por la noche? ¿Quién limpiará sus llagas? ¿Quién le sostendrá la mano mientras escucha su historia de vida? ¿Quién?

El rico vive para sí mismo, dándose todos los gustos. No tiene amor genuino por Dios, y no le importa su prójimo. Lázaro tiene la esperanza de que quizá, solo quizá, alguno de los invitados a las muchas fiestas que da el hombre rico pudiera traerle algo de las sobras de comida al irse. Pero lamentablemente, en la mansión del rico la misericordia no abunda. Ninguno de los invitados quiere mirarlo, y ni hablar de acercársele o tocarlo. Lázaro los observa ir y venir, y ellos lo ignoran.

De repente, aquello que piensa que son las lenguas de los perros que lamen sus heridas se convierte en las manos de ángeles. El mendigo ha muerto y los ángeles lo llevan con Abraham. Muchas personas preguntan si en verdad los ángeles participan llevando a las almas de los creyentes a los cielos, pero no hay razón para dudar de lo que transmiten las palabras. Los ángeles ministran a los creyentes en esta vida y no hay razón por la que no fueran a hacerlo en el momento de la muerte. "El seno de Abraham" es una expresión simbólica para indicar un lugar de dicha. Para cualquier persona judía, la idea de estar en compañía de Abraham sugeriría un gozo indecible. "El seno de Abraham" es uno de los nombres de los cielos.

Así que no solo fue que el rico murió y su cuerpo fue sepultado, sino que su alma, su ser consciente, fue al Hades que es donde van los que no son salvos. Como el rico sufría tormento, tenemos que señalar algunas cosas:

1. Hay que aclarar que este rico sin nombre no necesariamente fue condenado al Hades a causa de su riqueza. Al no importarle en absoluto el mendigo que estaba echado ante sus puertas, este rico en particular mostraba que no tenía una fe sincera y salvadora. Si hubiera tenido en él el amor de Dios no podría haber vivido en lujos, comodidad y vida fácil mientras había un prójimo junto a su puerta de entrada, mendigando con tal de obtener unas migas de pan. Para los discípulos tiene que haber sido impactante enterarse de que el rico había ido al Hades, porque pensaban que la riqueza era señal de la bendición y el favor de Dios.

2. De la misma manera, es cierto que no fue la pobreza de Lázaro la causa de que fuera salvo. Lázaro era salvo porque había confiado en el Señor para la salvación de su alma. La pobreza no necesariamente es una virtud. Este relato demuestra que hay una existencia consciente más allá de la tumba. De hecho, nos impacta el conocimiento que tenía el hombre rico. Vio a Abraham a la distancia, y a Lázaro junto a él. Incluso podía comunicarse con Abraham. Llamándole Padre

Abraham, mendigaba pidiendo misericordia, rogando que Lázaro le trajera una gota de agua para refrescarle la lengua.

El patriarca le recuerda al rico su vida de lujo, comodidad e indulgencia. También habla de la pobreza y los sufrimientos de Lázaro. Ahora, más allá de la tumba, las cosas se habían dado vuelta, las desigualdades de la tierra se habían revertido. Lázaro, antes atormentado y echado en el suelo junto a las puertas de la mansión del hombre rico, veía ahora al rico echado fuera de las puertas del Cielo, atormentado. Aprendemos aquí que las elecciones que efectuamos en esta vida determinan nuestro destino eterno. Cuando ya ha ocurrido la muerte, ese destino queda establecido. No hay pasaje desde la habitación de los salvos a la de los condenados, o viceversa. En medio de los tecnicismos que abundan, no perdamos de vista el mensaje del relato: mejor es mendigar pidiendo pan en la tierra, antes que rogar pidiendo agua en el Hades.

LA MUERTE

La muerte es la parte menos comprendida de la vida. No es un gran sueño, sino un gran despertar. Es el momento en que despertamos, nos restregamos los ojos, y vemos las cosas tal como Dios las ha visto siempre.

Se puede pensar en la muerte como una separación. La muerte física es la separación del cuerpo y el alma, mientras que la muerte espiritual es la separación del alma que se apartó de Dios. Jesús enseñó que no debemos temer a la muerte física, pero sí nos debe preocupar la muerte espiritual (Mateo 10:28). Para los no creyentes que han muerto, el Hades es un estado incorpóreo de castigo consciente, un estado de sufrimiento. Es como un tanque de contención, una condición intermedia donde esperamos el juicio final de Dios. El infierno es la prisión final de los muertos malvados. El factor decisivo en este juicio es si uno ha muerto en sus pecados, o ha muerto en el Señor.

G. B. Hardy, matemático reconocido en todo el mundo y brillante científico especializado en genética poblacional, dijo: "Solo tengo dos preguntas: una es ¿ha derrotado alguien a la muerte alguna vez?, y la otra es ¿me abrió un camino para que yo también pueda hacerlo?". [3] La respuesta a esas dos preguntas es un resonante "Sí". Una persona derrotó a la muerte y además proveyó un camino para todo aquel que deposite en Él su confianza para a su vez vencer a la muerte también. Nadie que confíe en Jesucristo necesita temer a la muerte. La Palabra de Dios nos enseña que por medio de la fe en Jesús tenemos la victoria sobre la muerte y la tumba. En otras palabras, el creyente en Jesucristo puede decir con humilde confianza: "Oye, muerte, ¿quién te teme ahora?". Pero ¿de veras podemos confiar en la Palabra de Dios?

---

3   G. B. Hardy, *La cuenta regresiva* (Publicaciones Portavoz Evangélico, 1986).

¿PUEDO CONFIAR EN LA BIBLIA?

"Muchos se niegan a creer sin tener evidencia, y está bien que lo hagan. Como Dios nos creó siendo seres racionales, Él no espera que vivamos siendo irracionales. Quiere que miremos antes de dar el salto", dijo Norman Leo Geisler, teólogo sistemático y apologista cristiano. "Eso no significa que no haya espacio para la fe. Pero Dios quiere que demos un paso de fe a la luz de la evidencia, en lugar de dar un salto en medio de la oscuridad".[4]

Sea que leamos un libro, un artículo de alguna revista o un estudio de investigación ¿cómo sabemos que lo que estamos leyendo es confiable, y verdadero? Chauncey Sanders, experto militar e historiador, escribió en su libro *Introduction to Research in English Literary History* [Introducción a la investigación en

---
[4] Norman Geisler, *Christian Apologetics* (Ada, Michigan: Baker Academic Publishing, 2013). Versión en línea en https://normangeisler.com/an-apologetic-for-apologetics/. Acceso 2-10-23.

la historia literaria inglesa] que hay tres pruebas que indican que un documento literario es confiable: (1) la evidencia interna, que es lo que el documento afirma en sí mismo; (2) la evidencia externa, que es el modo en que el documento se alinea con los datos, fechas y personas; y (3) la evidencia bibliográfica, que es la tradición textual del documento original a las copias y manuscritos que poseemos hoy.[5]

En cuanto a lo interno, la Biblia se escribió a lo largo de mil seiscientos años, o cuarenta generaciones. La escribieron más de cuarenta hombres de distintos ámbitos de la vida. Por ejemplo, Moisés fue educado en Egipto y fue luego profeta de los israelitas, Josué era un general militar, Daniel fue primer ministro, Pedro era un simple pescador, Salomón fue rey, Lucas era médico, Amós era pastor de ovejas, Mateo era cobrador de impuestos, y Pablo era un rabino además de fabricante de tiendas. Todos los escritores provenían de diferentes ocupaciones y trayectorias de vida.

La Biblia se escribió en muchos lugares diferentes. En realidad, se escribió en tres continentes distintos: Asia, África y Europa. Moisés escribió en el desierto de Sinaí, Pablo escribió en una prisión de Roma, Daniel escribió en el exilio en Babilonia, y Esdras escribió en la ciudad de Jerusalén que estaba en ruinas. Se escribió en diferentes circunstancias además. David escribió

---

[5] Chauncey Sanders, *Introduction to Research in English Literary History* (New York: The Macmillan Company, 1952).

en tiempos de guerra, Jeremías escribió en tiempos de angustia por la caída de Israel, Pedro escribió mientras Israel estaba bajo dominio romano, y Josué escribió durante la invasión de la tierra de Canaán.

Los autores tenían diferentes propósitos para escribir. Isaías escribió para advertir a Israel sobre el juicio de Dios que vendría por sus pecados, Mateo escribió para probarle al pueblo judío que Jesús era el Mesías, Zacarías escribía para darle ánimo a un Israel descorazonado que había regresado del exilio babilonio, y Pablo escribía para ocuparse de los problemas que surgían en diferentes comunidades de Asia y Europa. Además, la Biblia se escribió en tres lenguas diferentes: hebreo, arameo y griego.

Al sumar todos estos factores vemos que la Biblia fue escrita a lo largo de mil seiscientos años por diferentes autores en diferentes lugares y en distintas lenguas, bajo circunstancias diversas, con referencia a múltiples asuntos. Lo asombroso es que con tal diversidad haya tanta unidad en la Biblia. Esa unidad se organiza en torno a un solo tema: la redención de Dios para con el hombre y toda la creación. Se tratan cientos de temas controversiales, y sin embargo los autores jamás se contradicen unos a otros. La Biblia es un documento increíble. Puedo imaginar lo que tendríamos si tomásemos a tan solo diez autores de un mismo entorno social, de una misma generación, en un mismo lugar y al mismo tiempo, con un mismo ánimo en el mismo continente, todos escribiendo en la misma lengua sobre algún único tema controversial.

Seguramente tendríamos un conglomerado de ideas, algo que en absoluto podríamos llamar armónico. En lo interno la Biblia no tiene discrepancias, y todo conforma un total acuerdo.

Ahora, pasemos a la evidencia externa de la Biblia y a cómo se alinea con los hechos, datos y personas. En 1964 la Misión Arqueológica italiana liderada por Paolo Mathiae dio inicio a una excavación arqueológica en Tel Mardikh, en el norte de Siria. En 1968 se descubrió allí una estatua de Ibbit-Lim, rey de Ebla. Entre 1974 y 1976 se descubrieron dos mil tablillas completas que tenían un tamaño que oscilaba entre los dos centímetros y medio y más de treinta, además de cuatro mil fragmentos y más de diez mil trozos menores. Databan del año 2300 a.C. aproximadamente. En Ebla se utilizaba el nombre Canaán, un nombre que los críticos habían afirmado que no se utilizaba en esa época y que se había usado incorrectamente en los primeros libros de la Biblia. Y no solo esto, sino que se hallaron nombres como Adán, Eber y Jetró, además de los nombres de los dioses de Ebla entre los que estaban Dagan, Baal e Ishtar.

Para confusión de los antiguos escépticos, pero confirmando la Biblia, en Egipto hubo un importante descubrimiento. Fue en Tebas, gracias al arqueólogo británico Flinders Petrie, que se halló una tablilla conocida como la estela de Merneptah, una losa vertical de piedra con una inscripción a modo de monumento que menciona a Israel. Por cierto, Merneptah fue un faraón que gobernó a Egipto entre 1212 y 1202 a.C. El contexto de la estela indica que Israel era una entidad significativa a fines del siglo trece a.C. Y esto es importante porque se trata de la más antigua referencia extra bíblica sobre Israel que se haya descubierto hasta ahora.

Se creía en una época que los hititas eran una leyenda bíblica, a pesar de que el Antiguo Testamento los menciona más de cincuenta veces. Fue así hasta que se descubrieron dos cosas: su capital, y sus registros en el norte de Turquía. El primer descubrimiento del académico francés Charles Texier reveló las primeras ruinas hititas en 1834. Luego, arqueólogos como Hugo Winckler continuaron sobre la misma senda con una seguidilla de descubrimientos. En 1906 Winckler encontró un archivo real que contenía diez mil tablillas con inscripciones acadias cuneiformes.

El arqueólogo británico John Garstang descubrió las murallas de Jericó en la década de 1930. La historia de la caída de las murallas de Jericó está en Josué 6:1-27. El pueblo de Israel acababa de cruzar el río Jordán para entrar en la tierra de Canaán (Josué 3:14-17). Esta era la tierra de la leche y la miel que Dios le había prometido a Abraham más de quinientos años antes (Deuteronomio 6:3; 32:49). Tras pasar cuarenta difíciles años cruzando el desierto de Sinaí, el pueblo de Israel se encontraba ahora en las orillas orientales del Jordán.

Su desafío consistía en conquistar la tierra de Canaán, la Tierra Prometida. Sin embargo, su primer obstáculo era la ciudad de Jericó (Josué 6:1), una inconquistable ciudad amurallada. Las excavaciones del lugar revelan que sus fortificaciones contaban con una muralla de piedra de unos tres metros de altura y cuatro metros de ancho. Coronaba la muralla una empinada cornisa de piedra de diez metros a un ángulo de treinta y cinco grados, unida a enormes murallas que eran más altas todavía. Era virtualmente inexpugnable, pero las murallas cayeron cuando Josué y su ejército marcharon alrededor de ellas durante siete días seguidos y al séptimo día, rodeando las murallas, hicieron sonar sus trompetas y gritaron. El hallazgo arqueológico confirma la descripción de las murallas que leemos en Josué 6.

En 1990 unos investigadores de Harvard desenterraron una figurilla de bronce bañada en plata, representando un becerro que remite al enorme becerro de oro que menciona el libro de Éxodo.

En 1993, los arqueólogos descubrieron una inscripción en Tel Dan, que data del siglo nueve a.C. Las palabras talladas en un bloque de basalto hacen referencia a la casa de David y el rey de Israel. Se afirmó en algún momento que no había existido un rey asirio de nombre Sargon, como aparece en Isaías 20:1 porque ese nombre no había aparecido en ningún otro registro. Y luego se descubrió el palacio de Sargon en Irak, y también se halló en sus muros el registro de la captura de

Asdod, justamente el hecho que menciona el capítulo 20 de Isaías. Se hallaron en Asdod más fragmentos de la estela que conmemoraba la victoria.

Las ruinas de Sodoma y Gomorra se descubrieron al sudeste del Mar Muerto. La evidencia del lugar parece consistente con el relato bíblico: "Entonces el Señor hizo llover azufre y fuego sobre Sodoma y Gomorra" (Génesis 19:24). Los restos de la destrucción tenían un metro de grosor aproximadamente, y los edificios se quemaron con fuego que se inició en los techos. Frederick Clapp, geólogo estadounidense, presenta la teoría de que la presión del terremoto pudo haber hecho surgir bitumen, algo muy parecido al asfalto, junto con sulfuro y que se sabe que existe en el área por la falla sobre la cual se halla la ciudad.[6]

Nelson Glueck, reconocido rabino y arqueólogo estadounidense que además preside la Escuela Unión Hebrea, descubrió 1.500 sitios antiguos. Se le cita de este modo: "No ha habido nunca un descubrimiento arqueológico que contradiga una referencia bíblica".[7] El Dr. William Albright, arqueólogo, académico bíblico y filólogo, afirmó: "No puede haber dudas de que la arqueología ha confirmado la historicidad sustancial del Antiguo Testamento".[8]

---

6 Frederick G. Clapp, American Journal of Archaeology (Chicago: University of Chicago Press, 1936), 323-344.

7 Nelson Glueck, *Rivers in the Desert* [Ríos en el desierto] (New York: Farrar, Straus, and Cudahy, 1959), 136.

8 William F. Albright, *Archaeology and the Religion of Israel* [La arqueología y la religion de Israel] (Baltimore: John Hopkins University Press, 1956), 176.

Por último, pero no por eso menos importante, está la evidencia bibliográfica. Un códice es un conjunto de manuscritos que están cosidos en formato de libro. Es la forma más antigua de libro, en reemplazo de los rollos y tablillas de cera de tiempos anteriores. El texto masorético no es un códice específico, sino más bien un término que abarca lo que se considera el texto judío rabínico del Antiguo Testamento de mayor autoridad. En el siglo sexto un grupo de estudiosos conocidos como masoretas comenzaron la ardua tarea de registrar lo que sería el texto correcto de la Biblia. Hicieron rigurosas anotaciones en los márgenes, y compararon todos los manuscritos existentes. Debido a su excelencia como estudiosos, este texto de la Biblia pronto se convirtió en el de máxima autoridad. Los masoretas incluyeron todo, desde el texto en sí mismo hasta la adecuada vocalización, los acentos y versículos completos con ortografías erradas. Los masoretas eran muy meticulosos, y estaban capacitados profesionalmente para copiar documentos. Consideraban las palabras mismas de Dios con la mayor reverencia. Por ejemplo, si debían copiar el libro de Isaías, todo el texto estaría en mayúsculas sin puntuación o párrafos. Al terminar la copia, contarían las letras y hallarían la letra de la mitad del libro. Si no había coincidencia exacta, descartaban esa copia y comenzaban una nueva. Todas las copias actuales del texto hebreo concuerdan de manera notable.

En el siglo décimo cuando la era de los masoretas llegaba a su fin, compilaron toda su investigación de siglos en un único manuscrito de la Biblia. En el año 920 d.C. un escriba llamado Shlomo Ben Buya escribió un manuscrito en la auténtica tradición masorética en la ciudad de Tiberíades, Israel. A ese manuscrito se le conoce como Códice de Alepo.

En 1947 se hallaron los Rollos del Mar Muerto en el área de Qumrán, en Israel. Varios rollos datan del siglo quinto a.C. y hasta del siglo primero d.C. Los historiadores creen que los escribas judíos mantuvieron el sitio para preservar la Palabra de Dios y proteger los escritos durante la destrucción de Jerusalén en el año 70 d.C. Los Rollos del Mar Muerto incluyen a casi todos los libros del Antiguo Testamento, y las comparaciones con manuscritos más recientes muestran que son virtualmente idénticos. Las desviaciones principales consisten en la ortografía de algunos nombres de personas y otras diferencias que no son importantes. Por ejemplo, los Rollos del Mar Muerto incluyen un libro de Isaías completo. Cuando los estudiosos rabínicos compararon Isaías 53 de los Rollos del Mar Muerto con Isaías 53 del texto masorético, encontraron que solo había diferencias en diecisiete letras de las 166 palabras que contiene el capítulo. Y diez de esas letras son diferencias menores en ortografía (p. ej. "honor" y "honra"), luego hay cuatro diferencias de estilo (como la presencia de una conjunción), y las otras tres letras representan una ortografía diferente en la escritura de la palabra "luz". Es decir que son diferencias totalmente negligibles e insignificantes. Por eso, se concluye que no hay discrepancias legítimas en el texto que leemos hoy, ¡y eso es asombroso!

R. Laird Harris, líder de la Iglesia, estudioso del Antiguo Testamento, y fundador del Seminario Teológico del Pacto [Covenant Theological Seminary, en inglés] escribió un libro titulado *Can I Trust My Bible?* [¿Puedo confiar en mi Biblia?], donde afirma: "Ahora podemos estar seguros de que los copistas trabajaron con gran cuidado y precisión en el Antiguo Testamento, ya desde el año 225 a.C. De hecho, sería por crudo escepticismo que hoy negáramos que tenemos nuestro Antiguo Testamento en una forma muy cercana al que utilizó Esdras al enseñar la palabra del Señor a aquellos que habían regresado del cautiverio babilonio".[9]

La composición del Nuevo Testamento se acordó oficialmente en el Concilio de Cártago en 397 d.C. Sin embargo, la mayoría del Nuevo Testamento se aceptaba como texto con autoridad ya desde mucho antes. La primera colección del Nuevo Testamento fue la que propuso un hombre llamado Marción en el año 140 d.C. Marción era docetista. El docetismo es un sistema de creencias que afirma que todo espíritu es bueno, y toda materia es mala. Por eso, Marción excluyó todo libro que afirmara que Jesús es tanto divino como humano. Además, editó las cartas de Pablo para que se condijesen con su filosofía.

---

9 R. Laird Harris, *Can I Trust My Bible?* (Chicago: Moody Press, 1963), 67-89.

La siguiente colección propuesta de libros del Nuevo Testamento de la que tengamos registro fue el Canon Muratoriano del año 170 d.C. Incluía los cuatro evangelios, trece de las cartas de Pablo, 1, 2 y 3 Juan, Judas y Apocalipsis, y lo ratificó el Concilio de Cártago del año 397 d.C. Se descubrió un manuscrito en la biblioteca ambrosiana de Milán en Italia. Fue el historiador italiano Antonio Ludovico Muratori quien la halló, y la publicó en 1740.

Pero la historia muestra que el Nuevo Testamento que tenemos en las Biblias modernas ya había sido reconocido mucho antes, y que es reflejo exacto de lo que contenían los manuscritos. Por ejemplo, alrededor del año 95 d.C. Clemente de Roma citó textos de once libros del Nuevo Testamento. Cerca del año 107 d.C., Ignacio citó textos de casi todos los libros del Nuevo Testamento. Alrededor del año 110 d.C. Policarpo, discípulo de Juan, citó textos de diecisiete de los libros del Nuevo Testamento. Al utilizar las citas de estos hombres puede armarse el Nuevo Testamento entero con excepción de unos veinticinco versículos, casi todos de Juan 3. Esta evidencia da testimonio del hecho de que se reconocía el Nuevo Testamento mucho antes del Concilio de Cártago, y que el Nuevo Testamento que tenemos hoy es el mismo que se escribió hace dos mil años. No hay rival literario en el mundo antiguo en cuanto a la cantidad de copias manuscritas y la fecha temprana del Nuevo Testamento. Tenemos cinco mil trescientos manuscritos griegos del Nuevo Testamento, y diez mil manuscritos en latín. Sumado a esto hay nueve mil copias misceláneas del Nuevo Testamento en existencia hoy, escritas en sirio, copto, armenio, gótico y etíope, algunas de las cuales datan de fecha tan antigua casi como la traducción original que hizo Jerónimo en el año 384 d.C. También tenemos más de trece mil copias de porciones del Nuevo Testamento que han sobrevivido hasta nuestros días, y siguen encontrándose más y más.

El Códice Vaticano es el manuscrito existente más antiguo de la Biblia griega. Se llama así por su lugar de conservación, la Biblioteca Vaticana, donde está desde al menos el siglo quince. Se escribió sobre 759 páginas de pergamino vitela (piel animal preparada, casi siempre de ternera), en caligrafía uncial (un estilo que se conoce como Scriptio Continua, sin espacios regulares entre las palabras) y que se ha fechado por método paleográfico (la paleografía es el estudio de antiguas formas de escritura con el propósito de fecharlas) ubicándolo en el siglo cuarto, entre los años 300 y 325 d.C.

También tenemos el Códice Sinaítico, un manuscrito de texto de tipo alejandrino escrito en caligrafía uncial sobre pergamino, fechado en el siglo cuarto entre 330 y 360 d.C. Está resguardado en la Biblioteca Británica de Londres. Estos dos códices, el vaticano y el sinaítico, son dos copias excepcionales de todo el Nuevo Testamento en pergamino, que nos llegan desde el siglo cuarto.

Con más antigüedad que éstos, tenemos fragmentos y copias en papiro de porciones del Nuevo Testamento que datan de entre los años 180 a 225 d.C. Los ejemplos más destacados son el Papiro de Chester Beatty y los papiros de Bodmer II, XIV, XV. Usando estos manuscritos solamente, podemos construir la totalidad de los libros de Lucas, Juan, Romanos, 1 y 2 Corintios, Gálatas, Efesios, Filipenses, Colosenses, 1 y 2 Tesalonicenses, Hebreos y porciones de Mateo, Marcos, Hechos y el libro de Apocalipsis.

El papiro de Rylands, que se conoce como papiro P52 de Rylands, es el fragmento más antiguo con el que contamos hoy. Se halló en Egipto y su fecha paleográfica es el año 130 d.C. Este hallazgo obligó a los críticos a ubicar el cuarto Evangelio ya en el siglo primero, abandonando sus anteriores afirmaciones de que no podía haberlo escrito el apóstol Juan. El papiro de Rylands está exhibido en la Biblioteca de la Universidad John Rylands, en Manchester, Inglaterra. Contenía los siguientes versículos de Juan 18:

"Díceles entonces Pilato: 'Tomadle vosotros, y juzgadle según vuestra ley'. Y los judíos le dijeron: 'A nosotros no es lícito matar a nadie': Para que se cumpliese el dicho de Jesús, que había dicho, dando a entender de qué muerte había de morir. Así que, Pilato volvió a entrar en el pretorio, y llamó a Jesús, y díjole: '¿Eres tú el Rey de los Judíos?'.

Díjole entonces Pilato: '¿Luego rey eres tú?'. Respondió Jesús: 'Tú dices que yo soy rey. Yo para esto he nacido y para esto he venido al mundo, para dar testimonio a la verdad. Todo aquél que es de la verdad, oye mi voz.'

Dícele Pilato: '¿Qué cosa es verdad?'"[10]

Estos versículos resultan ser de los más importantes en cuanto a la verdad referida a Dios, el Mesías, el hombre, el pecado y la salvación:

Autor y Obra	Evangelio de Juan	Historia de Heródoto
Vivió en los años	10-11	C. 485 – 425 AC
Fecha de sucesos	27-30	546-478 AC
Fecha de escritura	90-100	425-420 AC
Manuscrito más antiguo	130	900
Desde suceso hasta registro escrito	<70 años	50-125 años
Desde suceso a manuscrito	<100 años	1400-1450 años

La Historia de Heródoto se considera la obra fundacional de la historia en la literatura occidental.

Sir Frederic G. Kenyon, papirógrafo y paleógrafo (experto en manuscritos antiguos) escribió un libro titulado *The Bible and Archaeology* [La Biblia y la arqueología], donde afirma: "El intervalo entre las fechas de la composición original y la más antigua evidencia existente hoy se vuelve tan breve como para ser de hecho insignificante, y hoy se ha derribado el último

---

10 https://escritosdelcristianismoprimitivo.com/Papiro-P52-El-fragmento-de-San-Juan/

fundamento para cualquier duda en cuanto a que las Escrituras nos han llegado sustancialmente tal como se escribieron. Pueden considerarse definitivamente establecidas tanto la autenticidad como la integridad general de los libros del Nuevo Testamento."[11]

Brooke Foss Wescott, obispo británico y estudioso de la Biblia, junto a Fenton John Anthony Hort, teólogo nacido en Irlanda, tardaron veintiocho años en crear su Nuevo Testamento en el griego original. Afirmaron: "Si se dejan de lado las trivialidades comparativas como los cambios de orden, la inserción u omisión del artículo con los nombres propios y cosas similares, las palabras están, en nuestra opinión, sujetas a una duda tan pequeña que apenas podría llegar a ser una milésima parte del Nuevo Testamento".[12]

Es decir que los cambios y variaciones menores en los manuscritos no modifican ninguna doctrina importante, y no afectan al cristianismo en absoluto. El mensaje es el mismo, con o sin esas variaciones. ¡Tenemos la Palabra de Dios!

El universo tuvo un comienzo. En contraste, muchos mitos antiguos describen al universo como organizado a partir del caos existente, en lugar de haber sido creado. Por ejemplo, los babilonios creían que los dioses que habían dado a luz al universo provenían de dos océanos.

---

[11] Sir Frederic G. Kenyon, *The Bible and Archaeology* (London: George G. Harrap & Co, 1940), 288-289

[12] Brooke Foss Wescott y Fenton John Anthony Hort, *The New Testament in the Original Greek* (New York: Harper & Brothers, 1881) 561.

Otras leyendas afirman que el universo salió de un huevo gigante. El antagonista de la fe, así como en general la comunidad no creyente, buscan hacernos creer que no existen científicos que crean en Dios. Dicen que a los ojos de la ciencia es innecesaria la creencia en Dios.

El Código Da Vinci es una novela del escritor Dan Brown que explora una historia religiosa alternativa. Vendió ochenta millones de copias, y se tradujo a cuarenta y cuatro idiomas. El Código Da Vinci tiene un "experto" argumental que afirma: "La Biblia no nos llegó impuesta desde el Cielo...La Biblia es un producto del hombre, querida. No de Dios. La Biblia no nos cayó de las nubes. Fue el hombre quien la creó para dejar constancia histórica de unos tiempos tumultuosos, y ha evolucionado a partir de innumerables traducciones, adiciones y revisiones. La historia no ha contado nunca con una versión definitiva del libro".[13] Afortunadamente ese comentario está en una obra de ficción, su lugar adecuado.

Los científicos seculares suelen mirar por sobre el hombro a quienes creen en Dios, en los milagros, la creación, etc., y utilizan supuestos datos científicos para crear disputa contra nuestra creencia en el Dios real. Sin embargo, no todos los científicos rechazan la idea de Dios. Siempre ha habido en la comunidad científica personas cuya fe en Dios siguió siendo el fundamento

---

13   Dan Brown, *El Código Da Vinci*, (Ed. PLANETA- ISBN 9788408175728) disponible también en línea https://www.academia.edu/40141215/EL_C%C3%93DIGO_DA_VINCI, acceso 3-10-23.

de sus vidas incluso mientras trabajaban en investigaciones científicas y descubrimientos. A continuación, hay algunos de los muchos ejemplos:

Francis Bacon (1561-1626). Por lo general se considera a Bacon como el hombre originalmente asociado con lo que se conoce como "método científico". El método científico pone énfasis en la observación y verificación, en lugar de la conjetura filosófica (formar una opinión o elaborar una teoría sin evidencia probatoria suficiente). Bacon creía que Dios nos dio dos libros para que los estudiemos: la Biblia y la naturaleza.

Johann Kepler (1571-1630). Muchos consideran que Johann Kepler fue el fundador de la astronomía física. Descubrió las leyes del movimiento planetario y estableció la disciplina de la mecánica celestial. Algunas de sus contribuciones a la ciencia incluyen la concluyente demostración del heliocentrismo del sistema solar (que el sol es el centro), la creación de un método para reflejar en mapas el movimiento de las estrellas, y la contribución al desarrollo del cálculo infinitesimal. Kepler era cristiano y había estudiado en el seminario, pero al seguir la guía de Dios para su vida terminó enseñando astronomía. Kepler acuñó la frase y la idea de que la investigación y el descubrimiento implican "pensar lo que piensa Dios", un lema que adoptaron luego muchos científicos cristianos.

Blas Pascal (1623-1662). Pascal fue uno de los más grandes filósofos, y se le considera el padre de la ciencia de la hidrostática, que es el estudio de la presión que ejercen los fluidos sobre otros objetos. Pascal tuvo mucho que ver con el desarrollo del cálculo infinitesimal y la teoría de la probabilidad, además de haber inventado el barómetro. Sin embargo, fue un hombre profundamente religioso que pensó y escribió mucho acerca de su fe. Quizá sea más conocido por lo que los cristianos llaman "la apuesta de Pascal", que básicamente pregunta por qué alguien se arriesgaría a vivir si Dios no existiera.

Isaac Newton (1642-1727). ¿Quién no ha oído hablar de Sir Isaac Newton? Se le acredita el haber descubierto la ley de la gravedad universal y las tres leyes del movimiento universal, además de haber refinado el cálculo infinitesimal como rama integral de las matemáticas. Newton ya era cristiano desde su juventud, y siendo mayor escribió muchos textos en contra del ateísmo y en defensa de la fe cristiana. Para Newton, la Biblia se autentica a sí misma mejor que cualquier otro registro histórico que se haya escrito.

Samuel F. B. Morse (791-1872). Probablemente se recuerde más a Morse por haber inventado el telégrafo. Pero también inventó la primera cámara de Norteamérica, y fue quien hizo antes que nadie el primer retrato fotográfico. Morse era un hombre profundamente devoto de Dios. El primer mensaje que envió con su telégrafo recién inventado en 1844 fue: "¡Lo que ha hecho Dios!" (cita de Números 23:23). Su vida estuvo dedicada a amar y servir a Dios. Morse escribió estas palabras poco antes de morir: "Cuanto más me acerco al final de mi peregrinación, más clara es la evidencia del origen divino de la Biblia. La grandeza y lo sublime del remedio de Dios para el hombre caído son más apreciados y el futuro se ilumina con esperanza y alegría".[14]

Luis Pasteur (1822-1895). Pasteur era un gigante en la disciplina de la medicina, y fue instrumental en el desarrollo de la teoría de la enfermedad a través de gérmenes, entre muchos otros aportes en los campos de la química y la física. Sus investigaciones contribuyeron al desarrollo de las vacunas contra muchas enfermedades. Pasteur ayudó a demoler la teoría evolutiva de la generación espontánea de la vida. Descubrió también, como hoy otros también lo viven, que cuando uno defiende la creencia bíblica de la creación los científicos naturalistas seculares se dedican a atacar.

William Thompson, Lord Kelvin (1824-1907). Kelvin estableció la escala de temperaturas absolutas, que hoy se leen como "grados Kelvin". Lord Kelvin también

---
[14] Ray Comfort, *Hechos científicos en la Biblia* (Ed. Desafío, 2016) ISBN-10 9487371313. Disponible también en línea en https://anunciandoelevangelio.com/archivos/libros/libros%20pdf/otros%20autores/Hechos-Cientificos-en-la-Biblia-Ray-Comfort.pdf. Acceso 4-10-23.

estableció la termodinámica como disciplina científica formal y formuló las dos primeras leyes de termodinámica en terminología precisa. Kelvin creía que la ciencia afirmaba la realidad de la creación. Fue un cristiano devoto y humilde, incluso cuando mantenía con fuerza su postura en la controversia respecto de la edad de la tierra, negando al darwinismo y afirmando la creación.

Wernher von Braun (1912-1977). Von Braun tuvo un papel muy importante en el desarrollo del cohete alemán V-2 antes de emigrar a Norteamérica. Dirigió el desarrollo del misil guiado de los EE.UU. durante varios años antes de ser director de la NASA. Sobre el tema de los vuelos espaciales escribió: "Tan solo una mirada por el agujero de la cerradura hacia los vastos misterios del universo debiera confirmar nuestra creencia en la certeza de su Creador".[15]

Francis Collins (1950 – hoy). Director del Proyecto Genoma Humano. Ha afirmado en público su creencia en Dios. Collins expresó la maravilla espiritual de la investigación científica con estas palabras: "Cuando se nos revela algo nuevo sobre el genoma humano lo que siento es maravilla al ver que la humanidad ahora sabe algo que antes solamente lo sabía Dios".[16]

---

15 Wernher von Braun, "My Faith," [Mi fe] American Weekly, Febrero 10, 1963.
16 Mark O'Keefe, "Some on Shuttle Crew Saw God's Face in Universe," [Algunos de los tripulantes espaciales vieron el rostro de Dios en el universo] Washington Post, Febrero 8, 2003.

He compartido con mis lectores parte de la evidencia básica interna, externa y bibliográfica para demostrar que podemos confiar absolutamente en la autenticidad de la Biblia. Los manuscritos hebreos y griegos, aunque son copias, han sido preservados providencialmente, y las traducciones de las que disponemos carecen de sesgo teológico. Por eso podemos confiar y tener la certeza de que la Biblia que leemos hoy contiene las Escrituras tal como se escribieron originalmente, y que podemos leerla sin temor a que haya sido retocada para favorecer a una iglesia o doctrina en particular. La Biblia ha sido inspirada por Dios y contiene los libros que sirven como autoridad para nosotros.

La Biblia declara que las personas o mueren en sus pecados (Juan 8.24) o mueren en el Señor (Apocalipsis 14:13). Lo que más importa no es el modo en que morimos, ni el momento; lo que más importa es esto: ¿morirás en tus pecados, o morirás en el Señor?

¿QUÉ SIGNIFICA MORIR EN TUS PECADOS?

"Yo soy la Luz del mundo; el que me sigue no andará en tinieblas, sino que tendrá la Luz de la vida" (Juan 8:12). Jesús dijo: Yo soy la luz del mundo.

Agradezcan a Dios por todo lo bueno de sus vidas y todo lo bueno del mundo. Sin Él no hay luz, ni amor, ni esperanza, ni paz, ni gozo. Quiten a Dios y lo único que habrá es oscuridad. Luego Jesús dijo: quien Me sigue jamás andará en la oscuridad.

Imagina que estamos todos en un oscuro túnel. Jesús tiene una luz y Él viene hacia nosotros avanzando por el túnel. Si caminamos con Él, andaremos en su luz, pero si nos negamos a seguirle y caminamos en la dirección opuesta, su luz estará cada vez más lejos de nosotros y eventualmente quedaremos sumidos en la oscuridad.

Eso vale en esta vida y por supuesto, también vale en el mundo por venir. Más allá de este mundo hay un lugar en el que está Jesús. Y como Él está allí, es un mundo de luz, amor, paz, y gozo. Pero más allá de este mundo también hay un lugar en donde Jesús no está. Y como Él no está allí, es un mundo de oscuridad y odio, un mundo confuso y miserable.

Cuando Jesús dijo: Yo soy la luz del mundo; el que me sigue no andará en tinieblas, sino que tendrá la Luz de la vida, de inmediato se hizo evidente que su audiencia no estaba con Él.

Intentaron encontrar motivos por los cuales no estaba calificado para hablar. Decían: "Estás dando testimonio de ti mismo", o como podríamos decir hoy: "Bueno ¡es tan solo tu opinión!". El debate está registrado en Juan 8:13-20, y suena bastante parecido a lo que sucede tan a menudo en nuestros días.

El hecho es que no hay forma en que podamos invitarnos a nosotros mismos a entrar al Cielo. Jesús dijo: Yo me iré y ustedes me buscarán, pero morirán en su pecado. Allí donde yo voy, no pueden venir (Juan 8:21).

Los líderes religiosos estaban seguros de que ellos sí irían al Cielo (como lo está la mayoría de la gente), y dijeron: "Nosotros iremos al Cielo. Si no podemos ir donde Él va, entonces estará yendo al otro lugar. Tal vez esté por suicidarse".

Así que Jesús dijo: "Ustedes son de abajo, yo soy de arriba; ustedes son de este mundo, yo no soy de este mundo" (Juan 8:23). Está diciendo: "La tierra es el hogar de ustedes. Ustedes no son de allí arriba, del

Cielo. El Cielo es mi hogar. Yo no soy de esta tierra". Entre nosotros y Jesús hay una diferencia abismal. El Cielo no nos pertenece.

Supongamos que alguien golpea a la puerta de tu casa, y cuando abres encuentras allí a un desconocido. Nunca lo habías visto. Pero antes de que puedas decir nada, él abre la puerta de un empujón, pasa junto a ti, sube las escaleras y comienza a desempacar en uno de los dormitorios.

— ¿Qué cree que está haciendo? — le preguntas.

— Esta es una linda casa y he decidido vivir aquí — contesta él.

Completamente asombrado, sigues de pie allí y le dices:

— Perdón, pero esta es mi casa. Si no se va ahora mismo llamaré a la policía.

Si me invitas a tu casa, podría quedarme allí como invitado, pero no tengo derecho a quedarme en tu casa si no me invitas. Todo depende completamente de tu invitación. Si me quedara allí sería porque te place que así sea. El Cielo es la casa de Jesús, su hogar, y no tenemos ningún derecho a entrar. Somos de abajo. No es nuestro lugar.

Jesús dijo: "Por eso les dije que morirán en sus pecados; porque si no creen que yo soy [quien Yo digo que soy], morirán en sus pecados" (Juan 8:24). Morir en tus pecados significa llevarte tus pecados contigo cuando mueras. Imagina a alguien que pasa de la vida a la muerte.

No sabe qué le está pasando. Avanza, está saliendo, y no tiene poder de decisión en la cuestión. Sabe que no puede regresar, está muriendo en sus pecados. Tiene el terrible sentimiento de que es culpable. De repente, le pasa por delante toda su vida como en un relámpago y la ve como lo que es, y ve que todo está mal. Toda su vida ha amordazado a su consciencia, actuando en contra de ésta, reprimiéndola. De repente, la consciencia se reafirma, y a él se le revuelve el estómago porque se siente condenado. Peor aún es el hecho de que lo está a los ojos de Dios, y que está bajo la maldición de Dios contra el pecado. Ahora puede ver todo esto. No lo había visto antes, pero ahora lo ve con claridad.

David Martyn Lloyd-Jones lo dijo así:

> Los mandamientos que acalló y descartó una y otra vez le empiezan a hablar: no matarás; no robarás; no cometerás adulterio; no tomarás en vano el nombre del Señor tu Dios; amarás al Señor tu Dios y solo a Él servirás... ¡y él no lo ha hecho! Y allí está agonizando, y todo le vuelve. Está muriendo en sus pecados, rodeado por ellos, en la atmósfera de sus pecados. Es esa su posición. Entonces echa un vistazo al futuro y ve imágenes del infierno, de tormentos y angustia. Le invade la sensación de remordimiento y asco por las

cosas que ha hecho. Se detesta a sí mismo y siente que ha sido un necio. Ha vivido su vida sin pensar en esto ¡en esto que es vital! Está saliendo del presente y entrando en un futuro desconocido. Y no sabe, no entiende. Nada de aquello por lo que vivió le ayuda, y ve entonces que le esperan esas cosas horrendas. Creo que en ese punto también se le concede una breve mirada al Cielo y la gloria, pero se da cuenta de que allí no encajaría. Porque el Cielo es limpio, puro, con luz, es santo, y sabe que allí no sería feliz. Jamás pensó en esas cosas, vivió siempre para lo contrario. Y allí está Dios en Su gloria y toda esta pureza, toda esta adoración. No le interesa, jamás le ha interesado. Pero a pesar de todo ve que es maravilloso y glorioso, aunque él no encaja allí. No puede ir allí.[17]

No hay nada más trágico que morir en tus pecados.

Encontramos la frase "morir en tus pecados" o alguna similar, en tres lugares de las Escrituras: Ezequiel 3:20, Juan 8:21, y Juan 8:24.

Ezequiel 3:20 dice: "Y cuando un justo se desvíe de su justicia y cometa iniquidad, yo pondré un obstáculo delante de él, y morirá; porque tú no le advertiste, él morirá por

---

[17] Marty Lloyd-Jones, "Two ways of dying", [Dos formas de morir] https://www.mljtrust.org/sermons/book-of-john/two-ways-of-dying/

su pecado, y las obras de justicia que había hecho no serán recordadas, pero yo demandaré su sangre de tu mano."

Dios había designado a Ezequiel como centinela; tenía la responsabilidad de hablar la Palabra de Dios y advertir solemnemente al pueblo. El profeta había recibido la advertencia de que, si no hacía sonar la alarma, si no le hablaba al pueblo y les advertía sobre el juicio venidero, entonces la sangre de ellos estaría en sus manos (Ezequiel 33:7-9). La tarea del profeta del Antiguo Testamento era temible e implicaba una enorme responsabilidad. Era un oficio que en realidad nadie quería. También era una existencia solitaria. El profeta era el tipo que anunciaba cosas malas y que por lo general terminaba en una muerte tremenda, como el profeta Isaías que fue serruchado en dos; o el profeta Zacarías, apedreado hasta morir; o el profeta Amós, apaleado con un garrote ¡y todos murieron a manos de su propio pueblo! ¿Por qué? La respuesta es simple: a la mayoría de la gente no le gusta la verdad. Oh, tal vez digan que quieren la verdad, pero no pueden soportarla. Los programas de TV conocidos como *reality shows* parecen muy populares hoy, pero en la vida real la verdad no tiene tanta popularidad.

Entonces Jesús les dijo de nuevo: Yo me voy, y me buscarán, y ustedes morirán en su pecado; adonde yo voy, ustedes no pueden ir... Por eso les dije que morirán en sus pecados; porque si no creen que yo soy, morirán en sus pecados (Juan 8:21, 24).

A partir de estos versículos parece que la frase 'morir en tus pecados' significa que la persona, cuando ocurre su muerte física retiene todo el pecado que ha cometido junto con las consecuencias y el castigo debido por tal pecado. Como resultado la persona recibirá el castigo eterno. La muerte física separa al espíritu del cuerpo; la muerte espiritual separa al espíritu de Dios.

El pecado es romper la ley de Dios (1 Juan 3:4) y el pecado nos separa de Dios (Isaías 59:2). De modo que, lamentablemente, todo el que no confía en el sacrificio de Cristo morirá en sus pecados. Y digo "lamentablemente" porque no tiene que ser así. No tienen que morir con los pecados pendientes en su cuenta. Notemos que no equivale a decir que morirán por sus pecados, sino en sus pecados. Sus pecados quedan retenidos en ellos, jamás se librarán de ellos y nunca tendrán vida eterna. Para mí, esto es algo que parte el corazón, en especial porque puede evitarse.

En Juan 8:21 la palabra pecado aparece en singular, lo que implica a partir del contexto que morirían con su culpa por haber rechazado a Jesús. Quedarían por siempre impedidos de entrar en el Cielo, donde iba el Señor. ¡Es una verdad solemne! Quienes se niegan a aceptar a Jesús como Salvador y Señor no tendrán esperanza de ir al Cielo. ¡Qué terrible, morir en nuestros pecados, sin Dios, sin Cristo, y sin esperanza por toda la eternidad!

En Juan 8:24 la palabra pecados aparece en plural. Eso implica que los que no son salvos morirán con todos sus pecados y no solo con el de haber rechazado a Jesús. Tiene sentido decir que por el pecado de rechazar a Jesús se les retienen todos los demás pecados.

El pecado es un problema legal. Como el pecado es violar la ley de Dios (1 Juan 3:4), cuando pecamos eso conlleva una consecuencia según la ley. Jesús jamás violó la ley (1 Pedro 2:22). Nuestro pecado le fue imputado (transferido legalmente) a Él en la cruz (1 Pedro 2:24). Como la paga del pecado es la muerte (Romanos 6:23) y como Jesús murió con esos pecados cumpliendo así el requerimiento de la ley, el aspecto legal de la deuda del pecado se ve satisfecho en el sacrificio de Cristo. Por eso Él pudo decir "¡Consumado es!" (Juan 19:30). Todos los que reciben el sacrificio de Jesús por fe serán justificados por esa fe (Romanos 5:1). La justificación es una declaración legal de justicia ante Dios. Por eso, cuando mueren los que han confiado en Jesús, no mueren con sus pecados. Mueren sin la consecuencia legal de su pecado. Sin embargo, todos los que no confiaron en Jesús por fe conservarán la consecuencia legal de su pecado y sufrirán el castigo que corresponda según la ley.

Morirán en su pecado (Juan 8:21). En singular; un pecado. ¿Cuál es ese pecado? ¿Cuál es ese único pecado en que corren peligro de morir las personas? Por eso les dije que morirán en sus pecados [plural]; porque si no creen que Yo soy [quien digo que soy], morirán en sus pecados [plural] (Juan 8:24). Si no creen que yo soy (quien digo que soy]. El no creer en Jesucristo es ese único pecado que causa que te lleves contigo todos tus otros pecados cuando mueras. A menos que creas, morirás en tus pecados. Si reviertes eso tienes la esperanza del evangelio. El no creer en Cristo te deja muriendo en tus pecados, pero si crees que Jesús es el Mesías no morirás en tus pecados.

¿Por qué es tan importante creer en Jesús? Porque la fe es el vínculo de una unión viva en la que te entregas a Cristo y Cristo Se entrega a ti. Cristo se convierte en tu Salvador y tu amigo. Cristo se convierte en tu Señor y maestro y cuando le perteneces, su hogar es el tuyo.

Hay más. Jesús vivió una vida sin pecado, Él es la única persona que hizo eso, la única que podría haberlo hecho. Vivió y murió sin pecado. La Biblia nos dice que Él mismo llevó nuestros pecados en su cuerpo sobre la cruz (1 Pedro 2:24). El Señor hizo que cayera sobre Él la iniquidad de todos nosotros (Isaías 53:6).

Lo maravilloso de esta verdad para toda persona que tiene fe en Jesucristo está en que Cristo cargó tus pecados en su muerte para que no tengas que cargarlos tú en la tuya. Cree en el Señor Jesucristo, abrázalo, recíbelo y síguele (sujetándote a su voluntad) y no morirás en tus pecados. ¡Morirás en el Señor! Bienaventurados los muertos que de aquí en adelante mueren en el Señor (Apocalipsis 14:13). Podrás estar muriendo de sed, pero no necesariamente tendrás que morir sediento.

¿Qué se le puede decir a un amigo, a un ser amado que no es creyente profeso y se está acercando a la muerte? Pasé por esta experiencia no hace mucho. Tenía un querido amigo, un mejor amigo a quien conocía desde hacía más de treinta años. Nos conocimos en un gimnasio donde yo trabajaba para suplementar mi salario del ministerio. Aunque mi amigo era un cirujano brillante y yo, no más que un entrenador personal, nuestro respeto mutuo creció al igual que nuestra gran amistad. Las palabras que pudiera decir no llegarían a expresar lo que siento en cuanto a mi querido amigo, pero si tuviera que describirlo incluiría cosas como amoroso, amable, generoso, brillante, juguetón, solidario, hospitalario, gracioso y compasivo. Sin embargo, solemos pasar por alto que era pecador, y que como todos nosotros no llegaba a dar con el santo requerimiento de Dios para poder estar con Él eternamente.

Después de que nos mudáramos a Georgia hace ya veinte años para dar inicio a una congregación, yo visitaba a mi amigo con frecuencia a lo largo del año, yendo a Florida para pasar con él una semana. Siempre esperaba con ansias el momento de verlo. Había recibido el don de la buena salud, y por eso su diagnóstico de cáncer fue tan impactante. Un día empezó a sentir dolor a niveles anormales; los estudios mostraban que tenía muchos tumores en todo el cuerpo. No es que yo piense que el evangelio tenga algo que ver con Frank Sinatra, pero lo que decía su canción *Así es la vida*, realmente se volvía realidad aquí: "Volabas alto en abril, y caíste en mayo". De inmediato fui a visitarlo, y tuve la fuerte premonición de que su enfermedad era mortal.

¿QUÉ SIGNIFICA MORIR EN TUS PECADOS?

A pesar de que tenía tantos dones, la realidad es que era un pecador como todos nosotros, y necesitaba desesperadamente un Salvador. Durante treinta años, literalmente yo había estado dándole testimonio; el último día que estuve con él en el hospital solo pude llorar al lado de su cama porque aunque había orado sin cesar tenía la fuerte intuición de que esta era la última vez que nos hablaríamos en esta vida. Él no podía hablar mucho, pero sí oía y entendía. En medio de mis lágrimas le dije que estaba dispuesto a caminar sobre vidrio partido en cuatro patas con tal de oír que le pedía perdón a Dios por sus pecados y que hiciera a Jesús su Señor y Salvador. Le dije que ese era el único camino al Cielo y que yo necesitaba saber que iba a volver a verlo. Le rogué que no muriera en sus pecados. Y me llena de gozo decirles que así lo hizo, y que recibió a Jesús como su Señor y Salvador. La Biblia dice que si confiesas con tus labios y crees en tu corazón que Jesús es el Señor, serás salvo (Romanos 10:9).

El hecho es que hay sucesos en la vida que podemos elegir, y otros que no. Por ejemplo, no eliges tu nacimiento, tu muerte tampoco, tu resurrección de entre los muertos tampoco. Pero sí puedes elegir en cuanto a tu destino final. La Biblia nos dice que seremos resucitados en el último día. Algunos serán resucitados al juicio eterno y otros, a la bendición eterna; hay dos opciones, y solamente dos.

Hoy todo tiene que ver con mantenernos jóvenes y conservar la juventud. Nos obsesiona vernos bien. Dicen que los sesenta son los nuevos cuarenta, yo digo que están haciendo mal las cuentas. Aunque hago ejercicio y trato de comer bien, mi cuerpo (incluyendo a mis ojos) ya ha estado por aquí durante más de sesenta años. Hace poco me hice estudios de la vista, algo que no había hecho en mucho tiempo. Por eso no me sorprendió cuando me dijeron que necesitaba anteojos para leer. Pero sí me sorprendió que me dijeran que eligiese un marco para los lentes. Cuando levanté la mirada, me asombró ver cientos de marcos entre los que podía elegir. No me gusta mucho tener que elegir cosas como esas; desearía que en la pared hubiese exhibidos solamente dos marcos, uno negro y uno blanco. Por eso me gusta tanto la Biblia, Dios lo hizo tan fácil. Tienes a Dios y a Satanás, tienes la justicia y la injusticia, lo bueno y lo malo, tienes el camino angosto que te lleva a la vida y el camino ancho que te lleva a la muerte, tienes el Cielo y el infierno, tienes que elegir, fácilmente, entre el marco blanco y el marco negro nada más.

Te imploro que pienses en tu destino final y la salvación, o la falta de salvación. Hace tres mil años la Biblia nos informó que nuestro ciclo de vida es de setenta o tal vez ochenta años (Salmo 90:10) y que después viene el juicio (Hebreos 9:27). En la escala eterna, setenta a ochenta años es un abrir y cerrar de ojos. La Biblia dice que para el Señor un día es como mil años y mil años son como un día (2 Pedro 3:8). Así que si uso una simple ecuación de álgebra nuestras vidas son como una hora y media en la escala eterna.

La cosa es así: si nunca te has arrepentido por tus pecados y nunca recibiste a Jesús para el perdón de tus pecados, entonces mi oración es que este sea el día de tu salvación.

Jesús dijo: Yo soy la Luz del mundo; el que me sigue no andará en tinieblas, sino que tendrá la Luz de la vida (Juan 8:12).

Hay un mundo que es muy oscuro porque Jesús no está allí. También hay un mundo lleno de amor, paz y gozo porque su luz es Jesús. Jesús murió por pecadores como tú y como yo. Pídele misericordia, pídele que te perdone y te limpie. Jesús cargó con los pecados de otros en su muerte para que tú no tuvieras que llevar los tuyos cuando mueras.

¿Qué hay de ti hoy? ¿Estás siguiendo a Jesús? ¿Crees que Él es el Mesías, el Salvador del mundo?

Supongamos que mueren dos hombres de ataques cardíacos: uno muere en sus pecados y el otro muere en el Señor. ¿Cuál de ellos serías? Dos mujeres mueren en accidentes de auto: una muere en sus pecados y la otra muere en el Señor. ¿Cuál de ellas serías? Si fueras a morir esta noche ¿morirías en tus pecados, o morirías en el Señor?

EL LADRÓN EN LA CRUZ

A dos hombres, ambos criminales, los llevaron a ser ejecutados con Jesús. Cuando llegaron al lugar llamado el Calvario, a Jesús lo clavaron en la cruz. A los dos criminales también los crucificaron: uno a su derecha y el otro, a su izquierda. Jesús dijo: "Padre, perdónalos, porque no saben lo que hacen" (Lucas 23:34). Los soldados hicieron apuestas echando suertes para ver quién se quedaba con su ropa.

El pueblo estaba allí mirando; y aun los gobernantes se burlaban de Él, diciendo: "A otros salvó; que se salve Él mismo si este es el Cristo de Dios, su Escogido" (Lucas 23:35). Los soldados también se burlaron de Él al ofrecerle vino agrio para beber. Le gritaban: "¡Si Tú eres el Rey de los judíos, sálvate a ti mismo!" (Lucas 23:37). Sobre su cabeza pusieron un cartel que decía: ESTE ES EL REY DE LOS JUDÍOS (Lucas 23:38).

Uno de los criminales colgados junto a Él se mofó:

¿No eres tú el Cristo? ¡Sálvate a ti mismo y a nosotros! (Lucas 23:39). Pero el otro le contestó y reprendiéndolo, dijo: "¿Ni siquiera temes tú a Dios a pesar de que estás bajo la misma condena? Nosotros a la verdad, justamente, porque recibimos lo que merecemos por nuestros hechos; pero este nada malo ha hecho". Y añadió: "Jesús, acuérdate de mí cuando vengas en tu reino" (Lucas 23:40-42).

Entonces Jesús le dijo: "En verdad te digo: hoy estarás conmigo en el paraíso" (Lucas 23:43).

La cruz es un lugar en el que se encuentran el amor y la justicia, donde se nos ha pesado a todos, sin que lleguemos a la medida. Allí Jesús estuvo colgado con los brazos extendidos, sufriendo por el regreso de un mundo pródigo. A ambos lados estaban colgados dos ladrones, debatiéndose entre la vida y la muerte, entre el Cielo y el infierno, hasta que uno de ellos dijo: Jesús, recuérdame cuando vengas como Rey.

Lo más loco es que fueron estas las últimas palabras que oyó Jesús antes de morir. No fueron palabras que dijera un líder religioso o alguno de sus discípulos, sino un delincuente común. La connotación de esas palabras es: "No te olvides de mí", y por implicancia significan: "Por favor, llévame donde tú vas". Con las palabras "En verdad te digo: hoy estarás conmigo en el paraíso" ese delincuente común fue levantado de su cruz para que el Salvador lo llevara en sus brazos amorosos.

No sabemos mucho de ese ladrón; por el relato de Mateo sabemos que se burlaba junto con la muchedumbre:

De igual manera, también los principales sacerdotes, junto con los escribas y los ancianos, burlándose de Él, decían: "A otros salvó; a Él mismo no puede salvarse. Rey de Israel es; que baje ahora de la cruz, y creeremos en Él. En Dios confía; que lo libre ahora si Él lo quiere; porque ha dicho: 'Yo soy el Hijo de Dios'". En la misma forma lo injuriaban también los ladrones que habían sido crucificados con Él (Mateo 27:41-44).

La pregunta del millón de dólares es esta: ¿Qué fue lo que hizo que uno de los ladrones defendiera a Jesús y tuviera la humildad de someterse a Él? Vio algo que no había visto nunca antes, que ni siquiera había oído antes. Cuando insultaban a Jesús, Él no reaccionó con venganza. Cuando sufría, Jesús no amenazó a nadie, más bien se confió a Dios, que juzga con justicia. En medio del dolor más terrible que conozca el ser humano, y mientras sufría por los delitos de otros, Él apeló al tribunal supremo del Cielo y dijo: "Padre, perdónalos, porque no saben lo que hacen" (Lucas 23:34).

Al ladrón se le vino abajo el mundo. Giró la cabeza hacia Jesús, e imagino que se miraron a los ojos. Sintió que Jesús podía ver hasta el fondo mismo de su alma, sintió que Jesús lo conocía mejor de lo que él se conocía a sí mismo y todo salía a la luz. En ese momento el tiempo se detuvo. En los ojos de Jesús el ladrón no vio odio, ni desprecio, ni juicio, solamente vio una cosa: perdón. Y en ese momento el ladrón se dio cuenta de que Jesús no era un hombre común.

El ladrón no sabía mucho de teología. Sin embargo, sí sabía que Jesús era un rey, que su reino no era de este mundo y que este rey tenía el poder de llevar hasta al hombre más indigno a su reino. En un momento íntimo con el Salvador se canceló toda una vida de deuda moral.

Es maravilloso pensar en esto. En medio de las burlas humillantes de la muchedumbre, y del horrible dolor de la crucifixión, Jesús seguía en Su misión de buscar y salvar a los perdidos (Lucas 19:10). La buena noticia es que Jesús sigue en su misión incluso hoy. Al igual que el ladrón, todos hemos robado mucho. Hemos alzado la voz, enojados, y le robamos la paz a otro. Cuando tenemos pensamientos inmorales le robamos la dignidad a otro. Cuando herimos los sentimientos de alguien le robamos su auto-valía. Cuando decimos la verdad sin amor, quizá le robamos al reino al apartar un alma un poco más lejos de la frontera del paraíso.

Todos estamos ante el Señor, expuestos en nuestra condición de ladrones. Todos somos culpables. Si no lo has hecho ya, confiesa todo ante el único que puede cargarlo todo. ¿Por qué morir en tus pecados? Deja que Él borre tu cuenta espiritual, y deja que te llene con poder de lo alto. Un poder que no solo puede cambiar tu corazón, sino también cambiar el mundo. Pídele al Señor Jesús que se acuerde de ti, y tú también estarás con Él en el paraíso.

NO TIENES QUE MORIR
EN TUS PECADOS

Dios es plenamente bueno, plenamente amoroso, plenamente hermoso y plenamente verdadero (y estas características fluyen de Él continuamente). El amor, la gracia, la bondad y la belleza del Señor son tan plenos que fluyeron de Él en la creación de un mundo bueno y bello. Dios dio a existencia a este mundo, y para coronar con gloria su buena obra, creó a los seres humanos a su imagen para que pudieran participar de su amor, gracia y bondad.

Cuando Dios creó a las personas, también les dio libre albedrío porque el amor permite que el objeto de ese amor pueda elegir. Solamente los robots, las computadoras y las máquinas no tienen capacidad de elegir. Dios nos dio la posibilidad de elegir si recibimos su amor y vivimos en él, o si lo rechazamos. Darles a los seres humanos el libre albedrío es dignificar sus elecciones y reconocer en ellos la imagen de Dios. Después de que Dios creara los primeros humanos, Adán y Eva, les dijo que podían disponer de todo, pero había una sola cosa que no debían hacer: no debían comer el fruto de un árbol en especial de los que había en el jardín. Lamentablemente, cuando fueron tentados cedieron a esa tentación y cruzaron la línea. Eso no solo les causó un sentimiento de separación, remordimiento, vergüenza y peor aún, culpa, sino que abrió la puerta a más pecado, lo cual haría que nuestro mundo cayera en espiral descendente desde entonces hasta ahora.

Pero ese no es el final de la historia. Es que Dios no es solo bueno y amoroso, sino también omnisciente (lo conoce todo) y omnipotente (todopoderoso). Dios no reaccionó, sino que fue proactivo, con un plan que ya tenía antes de que echara los cimientos del mundo. Dios no quería que los seres humanos vivieran en quebranto, oscuridad, separados de Él, por lo que su plan fue que ese mundo caído pudiera redimirse para que las personas pudieran ser perdonadas, sanadas, restauradas, hechas plenas. Jesús, el Mesías, plenamente Dios, se hizo plenamente humano y nos mostró a los seres humanos el amor de Dios en su sacrificio de la cruz. Jesús, por voluntad propia, dio su vida como sacrificio para pagar por nuestros pecados, y después de tres días resucitó de entre los muertos, no solo demostrando así el poder de Dios sobre el pecado y la muerte, sino para que sepamos que, si creemos, nosotros también seremos resucitados cuando venga el Reino.

La gente sigue muriendo físicamente, pero como Jesús conquistó al pecado y a la muerte, los seguidores de Jesús tendrán vida eterna con Él tras haber muerto físicamente. Morirán sus cuerpos, pero serán resucitados a la vida eterna con Jesús.

Solía ver en muchos lugares diferentes unos carteles con este texto: "Juan 3:16". Los veía en estadios olímpicos, estadios deportivos, campos de juego, en las rutas, etc. Como fui criado en el judaísmo ortodoxo no tenía idea de lo que significaba o a qué hacía referencia. Ahora como creyente, diría que probablemente sea la oración más famosa de toda la literatura. Dice: "Porque de tal manera amó Dios al mundo, que dio a su Hijo unigénito, para que todo aquel que cree en Él, no se pierda, sino que tenga vida eterna".

Cuando te detienes a pensar en serio en esto, es absolutamente conmovedor y quedas maravillado, porque lo que nos lleva al arrepentimiento es la bondad de Dios (Romanos 2:4). El versículo que sigue a Juan 3:16 no es tan conocido, pero sí es igual de importante. Juan 3:17 dice: "Porque Dios no envió a su Hijo al mundo para juzgar al mundo, sino para que el mundo sea salvo por Él".

Dios no es un gobernante duro y cruel que ansía derramar su ira sobre la humanidad. Al contrario, su corazón está lleno de ternura, y Él ha hecho todo lo posible al más alto costo para que sean salvos. Podría haber enviado a su Hijo al mundo para condenar al mundo, pero no lo hizo. Hizo lo opuesto: Le envió a sufrir, sangrar y morir para que el mundo pudiera ser salvo a través de Él. La obra de Jesús en la cruz fue de un valor tan enorme que todos los pecadores de todas partes pueden ser salvos si le reciben.

Durante varios años trabajé como guardavidas. No conozco a nadie que no extendiera la mano hacia el guardavidas para que lo salvara si se estaba ahogando. Aquí la clave está en reconocer ante todo que te estás ahogando. La mayoría de la gente cree en su propia opinión que todo está bien, al punto de que no ven que se están hundiendo. Están tan llenos de sí mismos que no quieren admitir que se están hundiendo por tercera vez y por eso se niegan a gritar: "¡Sálvame!". No esperes a estar en tu lecho de muerte para buscar un guardavidas. Te ruego hoy que recibas a Jesús en tu vida. Él es el único guardavidas que necesitas en verdad. Por favor, confiesa tus pecados, cree en tu corazón que Jesús murió por ti, y declara con tus labios que Jesús es el Señor y Salvador. No solo tendrás vida eterna en el mundo por venir, sino que tendrás vida abundante en el aquí y el ahora. Por favor ¡no mueras en tus pecados!

Hubo un programa televisivo de juegos en los Estados Unidos en 1963, llamado *Let's Make a Deal* [Hagamos un trato]. Se ha replicado desde entonces en muchas naciones de todo el mundo. Cuando yo era chico teníamos solamente tres canales de televisión. Los programas de juegos eran muy divertidos y entretenidos, y por lo general mi favorito siempre era el que menos oportunidades tenía de ganar. Hoy sigo alentando también al que va perdiendo.

La estructura de *Let's Make a Deal* incluye a un anfitrión que interactúa con miembros del público elegidos que se conocen como "agentes". Lo usual es que se le entregue al agente un objeto valioso para que luego decida si quiere conservarlo o canjearlo por otro objeto sin que sepa qué es. La esencia del juego está en este misterio: el agente no sabe si el objeto oculto es de igual o mayor valor o si es una baratija, un chasco que no vale nada, o casi nada.

Al finalizar el programa, el anfitrión elige a tres personas dispuestas a renunciar a sus premios para canjearlos por "el gran trato del día". Cada uno de los participantes que aceptó tiene que elegir una de las tres puertas que se le ofrecen. El anfitrión le pregunta al primer concursante: "¿Quieres la puerta número uno, la puerta número dos, o la puerta número tres?". El siguiente concursante elige entre las dos puertas restantes, y al último concursante se le asigna la única puerta que queda disponible. Desafortunadamente, tras una de las puertas siempre habrá un chasco.

Sin embargo, con Dios sabemos qué es lo que hay detrás de las puertas y es mucho más fácil elegir porque solamente hay dos puertas. Si eliges la puerta número uno, lo que obtienes es a Jesús como tu sacrificio para el perdón de tus pecados, y obtienes el gran trato que no es solo para ese día sino para toda la eternidad. Si eliges la puerta número dos, no obtendrás a Jesús y su sacrificio para el perdón de todos tus pecados, sino que mueres en tus pecados por toda la eternidad – peor que un chasco.

Sé que parece demasiado fácil, pero cuando de veras tomas consciencia de tus malas acciones y de tu egoísmo, cuando por fin logras ver el dolor y sufrimiento que les has causado a otros, tienes sentimientos de culpa y eso es bueno porque te lleva al arrepentimiento y el cambio. Acudes ante Dios y Le aceptas según su Palabra, y Él te lavará y te dará un corazón nuevo. Lo milagroso sucede cuando decides seguir a Dios. Él te cambiará por completo, desde adentro. Te dará poder y te guiará para que puedas dejar de ser un chasco y en cambio pases a ser su gran trato; no tanto en términos de tu propia gloria, sino porque Él te usará para cambiar el clima espiritual de todo el universo.

No me preguntes cómo es que Dios lo hace. Son cosas que desafían toda explicación, misterios demasiado profundos como para dilucidarlos, y circunstancias extrañas que confunden hasta al intelecto más agudo. Lo único que sé es que yo era el rey del egoísmo, que solo me preocupaba por mí mismo, y que ahora vivo por los demás y hasta pongo por delante de mí a otras personas. En mí ha habido un gran cambio ¡y me encanta! Por favor, elige la puerta número uno ¡y no mueras en tus pecados!

ACERCA DEL AUTOR

El rabino Greg Hershberg nació en la ciudad de Nueva York y fue criado en el judaísmo ortodoxo. Se graduó con los más altos honores en la universidad Pace, y luego fue propietario y director de una firma de búsquedas de ejecutivos en la ciudad de Nueva York, especializándose en temas bancarios y de finanzas. En 1989 se casó con Bernadette y mientras estaban de luna de miel en Israel, tuvo una visitación del Señor que hizo que su corazón decidiera servir a Dios.

En 1992 el rabino Greg se unió al movimiento judío mesiánico, y fue ordenado por la Asociación Internacional de Congregaciones y Sinagogas Mesiánicas (IAMCS, sus siglas en inglés). Lideró la congregación mesiánica Beth Judah. En 2002 el Señor mudó al rabino Greg y a su familia a Macon, Georgia, como líder de la congregación Beth Yeshua.

El ministerio llegó a ser global en 2010 y la congregación Beth Yeshua pasó a llamarse Beth Yeshua International (BYI, sus siglas en inglés). Lo que era antes una congregación local reducida se convirtió en un ministerio internacional con un centro de capacitación en Macon, Georgia y con congregaciones y escuelas en India, Kenia, Etiopía, Australia, Alemania, Israel y la totalidad de los Estados Unidos. Además, los mensajes del rabino Greg se transmiten en vivo por *streaming* en Internet, llegando a todo el mundo.

El rabino Greg reside hoy en Macon, Georgia, con su esposa Bernadette y sus cuatro hijos. Hay más información sobre el rabino Greg en su autobiografía, *From the Projects to the Palace* [De las casas comunales al palacio].

www.bethyeshuainternational.com

Watch Greg Hershberg's testimony with One for Israel Ministry